AF200080

Impressum
Verlag: BABADADA GmbH, Nedderfeld 112 , 22529 Hamburg
Geschäftsführer / Verlagsleitung: Harald Hof
Druck: Books on Demand GmbH, In de Tarpen 42, 22848 Norderstedt

Imprint
Publisher: BABADADA GmbH, Nedderfeld 112 , 22529 Hamburg, Germany
Managing Director / Publishing direction: Harald Hof
Print: Books on Demand GmbH, In de Tarpen 42, 22848 Norderstedt, Germany

Schule

школа

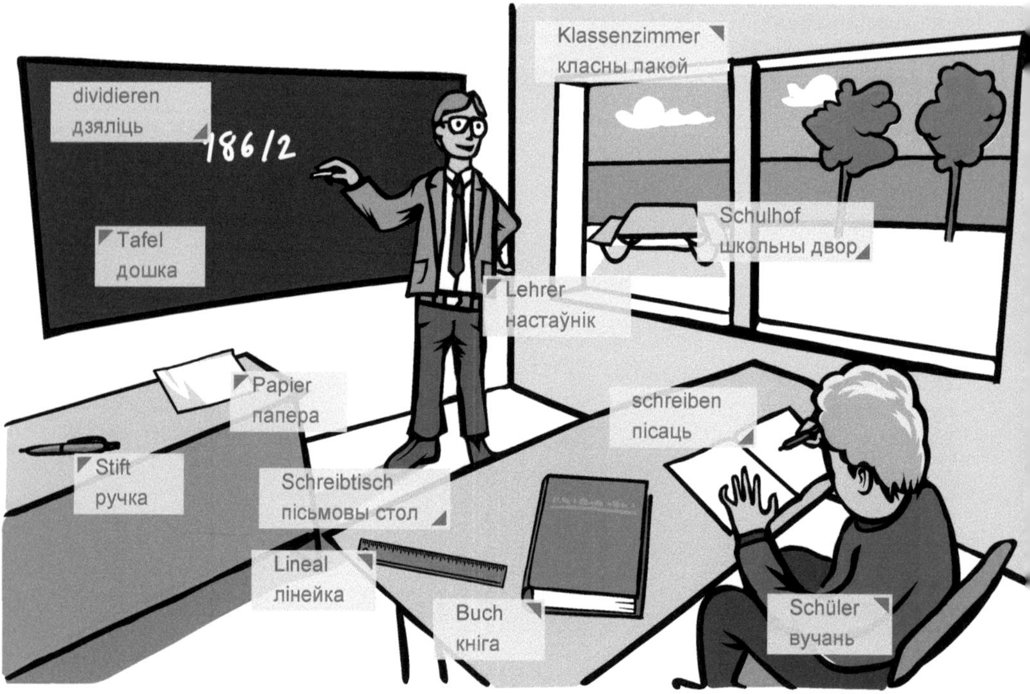

Klassenzimmer
класны пакой
dividieren
дзяліць
186/2
Tafel
дошка
Schulhof
школьны двор
Lehrer
настаўнік
Papier
папера
schreiben
пісаць
Stift
ручка
Schreibtisch
пісьмовы стол
Lineal
лінейка
Buch
кніга
Schüler
вучань

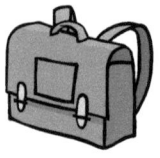

Ranzen

ранец

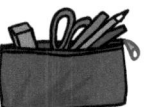

Federmappe

пенал

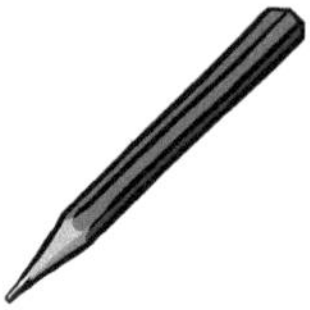

Bleistift

просты аловак

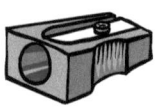

Bleistiftanspitzer

тачылка для алоўкаў

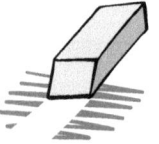

Radiergummi

гумка

Zeichenblock

альбом для малявання

Zeichnung

малюнак

Pinsel

пэндзлік

Malkasten

фарбы

Schere

нажніцы

Klebstoff

клей

Übungsheft

сшытак

Hausaufgabe

хатняе заданне

Zahl

лік

addieren

дадаваць

subtrahieren

адымаць

multiplizieren

множыць

rechnen

лічыць

Buchstabe

літара

Alphabet

алфавіт

Wort

слова

Text

тэкст

lesen

чытаць

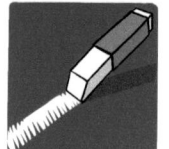

Kreide

крэйда

Stunde

ўрок

Klassenbuch

класны журнал

Prüfung

экзамен

Zeugnis

атэстат

Schuluniform

школьная форма

Ausbildung

адукацыя

Lexikon

энцыклапедыя

Universität

універсітэт

Mikroskop

мікраскоп

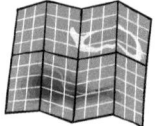

Karte

карта

Papierkorb

смеццевы кошык

Reise

падарожжа

Hotel
гатэль
Grand
Herberge
хостэл
ROOMS
EXCHANGE
Wechselstube
абменны пункт
Koffer
чамадан
Auto
аўтамабіль

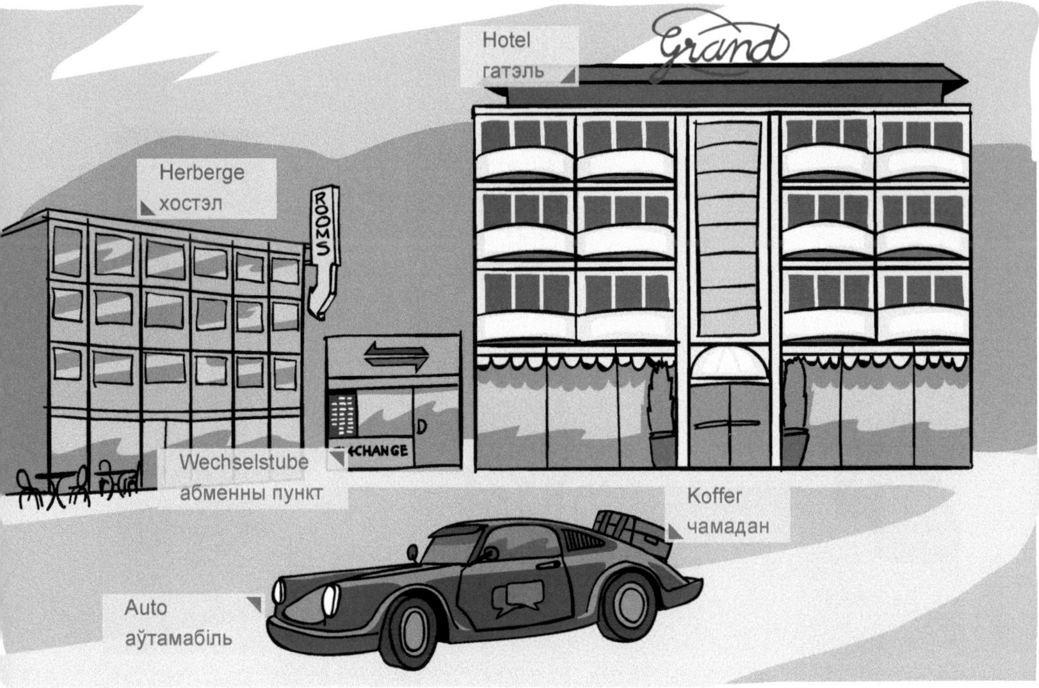

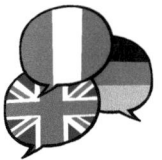

Sprache

мова

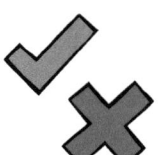

ja / nein

так / не

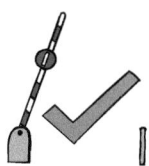

Okay

добра

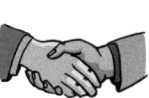

Hallo

прывітанне!

Übersetzer

перакладчык

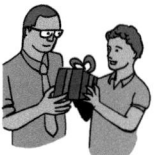

Danke

дзякуй

Was kostet…?

Колькі каштуе….?

Ich verstehe nicht

я не разумею

Problem

праблема

Guten Abend!

Добры вечар!

Guten Morgen!

Добрай раніцы!

Gute Nacht!

Дабранач!

Auf Wiedersehen

да пабачэння

Richtung

кірунак

Gepäck

багаж

Tasche

сумка

Rucksack

заплечнік

Gast

госць

Zimmer

пакой

Schlafsack

спальны мяшок

Zelt

палатка

Touristeninformation

інфармацыя для турыстаў

Strand

пляж

Kreditkarte

крэдытная картка

Frühstück

снеданне

Mittagessen

абед

Abendessen

вячэра

Fahrkarte

праязны білет

Fahrstuhl

ліфт

Briefmarke

паштовая марка

Grenze

мяжа

Zoll

мытня

Botschaft

пасольства

Visum

віза

Pass

пашпарт

Transport

транспарт

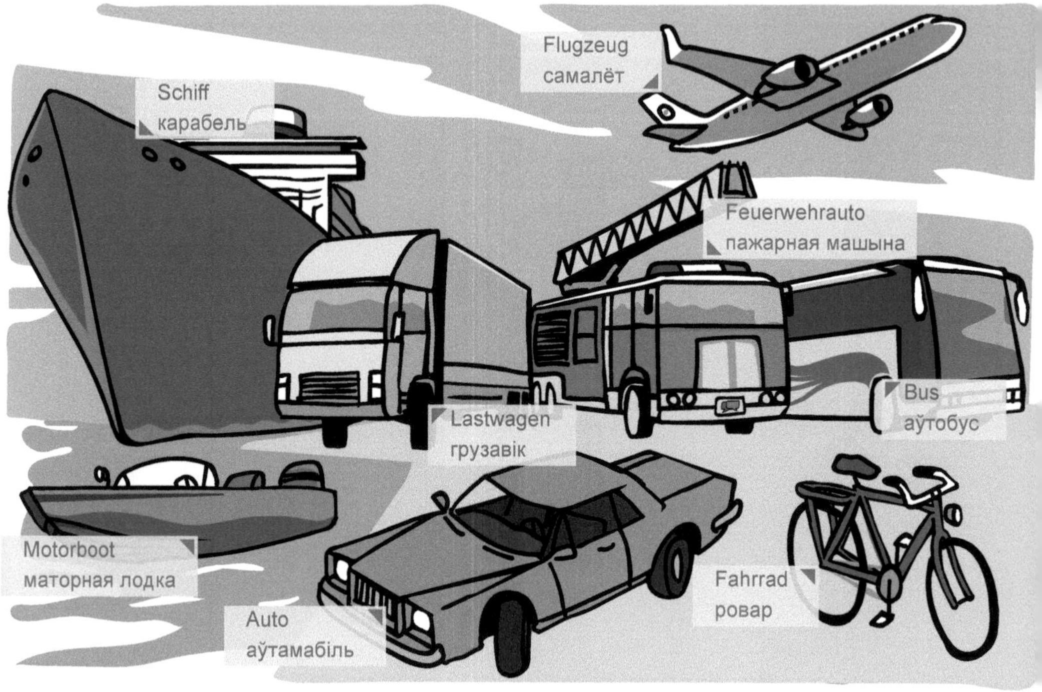
Flugzeug
самалёт
Schiff
карабель
Feuerwehrauto
пажарная машына
Bus
аўтобус
Lastwagen
грузавік
Motorboot
маторная лодка
Fahrrad
ровар
Auto
аўтамабіль

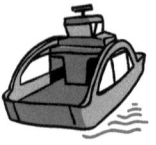

Fähre

паром

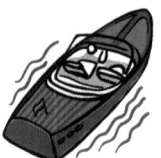

Boot

лодка

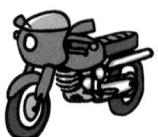

Motorrad

матацыкл

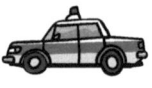

Polizeiauto

паліцэйская машына

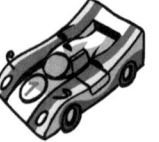

Rennauto

гоначны аўтамабіль

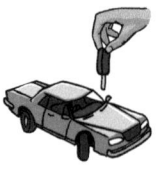

Mietwagen

арэндаваны аўтамабіль

Carsharing

сумеснае карыстанне аўтамабілем

Abschleppwagen

эвакуатар

Müllauto

смеццявоз

Motor

матор

Kraftstoff

паліва

Tankstelle

запраўка

Verkehrsschild

дарожны знак

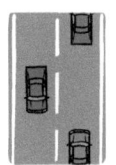

Verkehr

дарожны рух

Stau

затор

Parkplatz

паркоўка

Bahnhof

чыгуначная станцыя

Schienen

рэйкі

Zug

цягнік

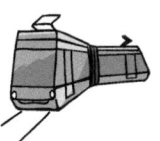

Straßenbahn

трамвай

Wagon

вагон

Helikopter

верталёт

Flughafen

аэрапорт

Tower

вежа

Passagier

пасажыр

Container

кантэйнер

Karton

кардонная скрыня

Karren

тачка

Korb

карзіна

starten / landen

ўзлятаць / прызямляцца

Stadt

горад

Dorf

вёска

Stadtzentrum

цэнтр горада

Haus

дом

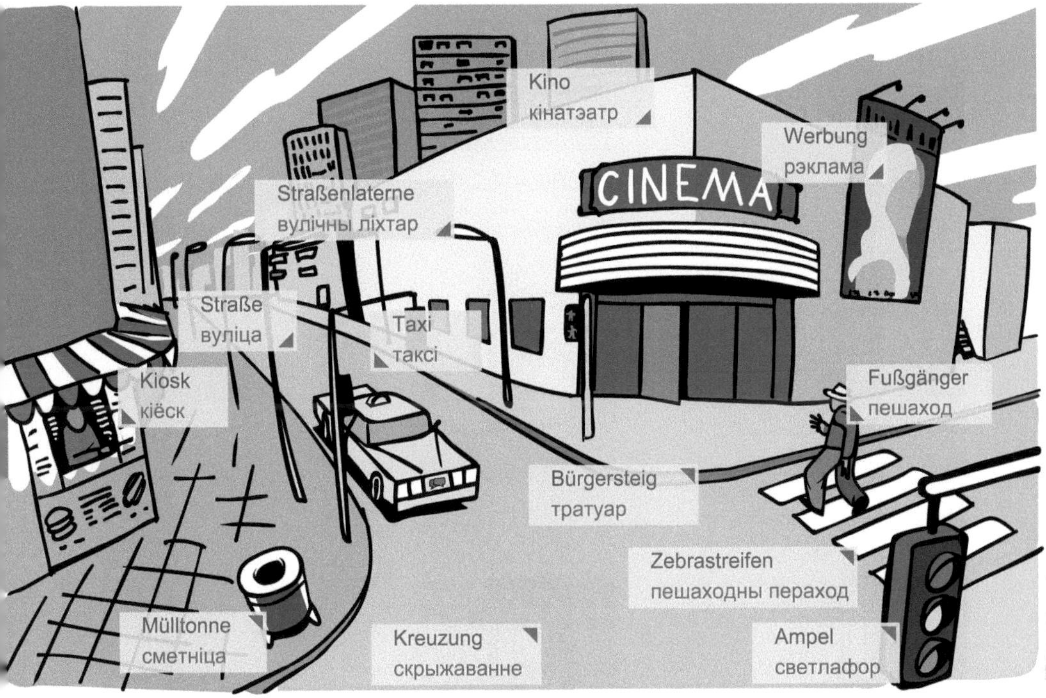

Kino
кінатэатр
CINEMA
Werbung
рэклама
Straßenlaterne
вулічны ліхтар
Straße
вуліца
Taxi
таксі
Kiosk
кіёск
Fußgänger
пешаход
Bürgersteig
тратуар
Zebrastreifen
пешаходны пераход
Mülltonne
сметніца
Kreuzung
скрыжаванне
Ampel
светлафор

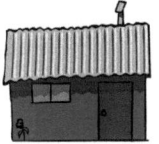

Hütte

халупа

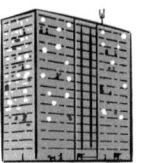

Wohnung

кватэра

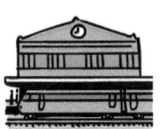

Bahnhof

чыгуначная станцыя

Rathaus

ратуша

MUSEUM

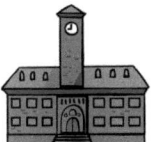

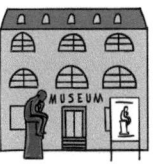

Museum

музей

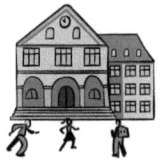

Schule

школа

Universität

універсітэт

Bank

банк

Krankenhaus

шпіталь

Hotel

гатэль

Apotheke

аптэка

Büro

офіс

Buchhandlung

кнігарня

Geschäft

крама

Blumenladen

кветкавая крама

Supermarkt

супермаркет

Markt

кірмаш

Kaufhaus

універмаг

Fischhändler

рыбная крама

Einkaufszentrum

гандлевы цэнтр

Hafen

порт

Park

парк

Bank

лава

Brücke

мост

Treppe

лесвіца

U-Bahn

метро

Tunnel

тунэль

Bushaltestelle

прыпынак

Bar

бар

Restaurant

рэстаран

Briefkasten

паштовая скрыня

Straßenschild

вулічны паказальнік

Parkuhr

паркамат

Zoo

заапарк

Badeanstalt

басейн

Moschee

мячэць

Bauernhof

сядзіба

Umweltverschmutzung

забруджванне
навакольнага асяроддзя

Friedhof

могілкі

Kirche

царква

Spielplatz

пляцоўка для гульні

Tempel

храм

Landschaft
краявід

Blatt
ліст

Wegweiser
паказальнік

Weg
дарога

Wiese
луг

Stein
камень

Baum
дрэва

Wanderer
падарожнік

Fluss
рака

Gras
трава

Blume
кветка

Tal

даліна

Berg

гара

See

возера

Wald

лес

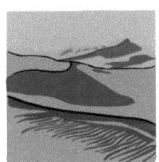

Wüste

пустыня

Vulkan

вулкан

Schloss

замак

Regenbogen

вясёлка

Pilz

грыб

Palme

пальма

Moskito

камар

Fliege

муха

Ameise

мурашка

Biene

пчала

Spinne

павук

Käfer

жук

Frosch

жаба

Eichhörnchen

вавёрка

Igel

вожык

Hase

заяц

Eule

сава

Vogel

птушка

Schwan

лебедзь

Wildschwein

дзік

Hirsch

алень

Elch

лось

Staudamm

плаціна

Windrad

вятрак

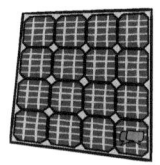

Solarmodul

сонечная батарэя

Klima

клімат

Restaurant
рэстаран

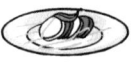

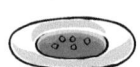

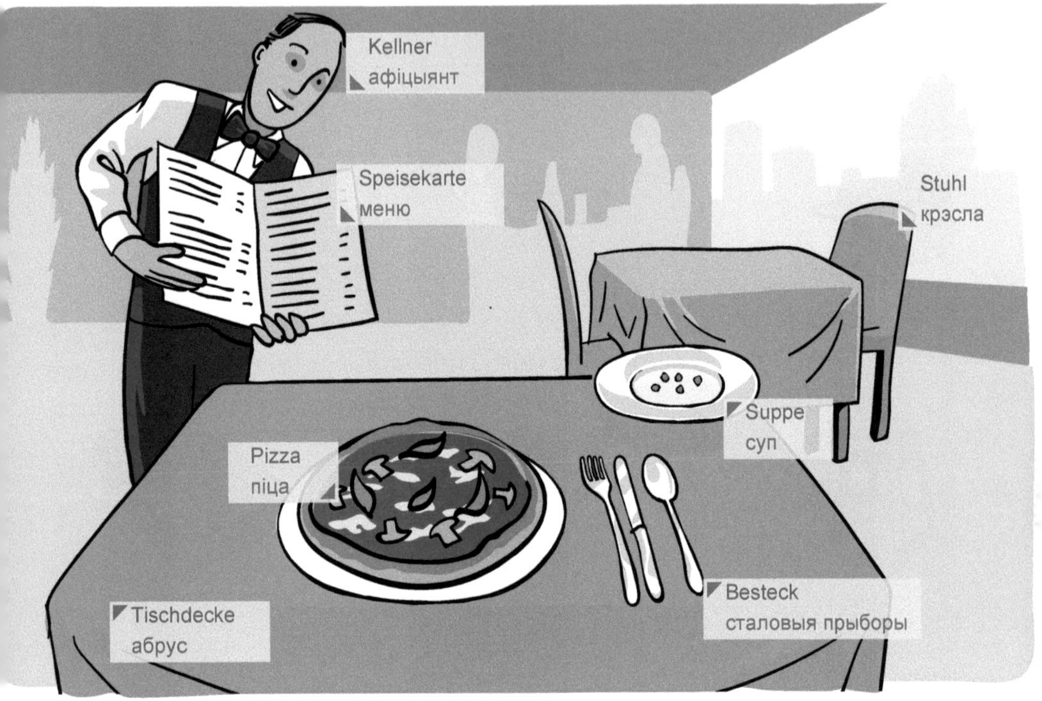
Kellner
афіцыянт
Speisekarte
меню
Stuhl
крэсла
Suppe
суп
Pizza
піца
Besteck
сталовыя прыборы
Tischdecke
абрус

Vorspeise

закуска

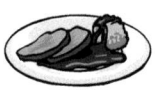

Hauptgericht

другая страва

Nachspeise

дэсерт

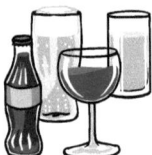

Getränke

напоі

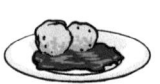

Essen

ежа

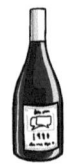

Flasche

бутэлька

Fastfood

хуткае харчаванне (фаст-фуд)

Streetfood

стрыт-фуд

Teekanne

імбрык (чайнік)

Zuckerdose

цукарніца

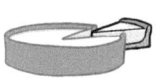

Portion

порцыя

Espressomaschine

эспрэса-машына

Hochstuhl

дзіцячае крэселка

Rechnung

рахунак

Tablett

паднос

Messer

нож

Gabel

відэлец

Löffel

лыжка

Teelöffel

чайная лыжка

Serviette

сурвэтка

Glas

шклянка

Teller

талерка

Suppenteller

супавая талерка

Untertasse

сподак

Sauce

соус

Salzstreuer

сальніца

Pfeffermühle

млынок для перцу

Essig

воцат

Öl

алей

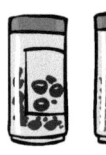

Gewürze

спецыі

Ketchup

кетчуп

Senf

гарчыца

Mayonnaise

маянэз

Supermarkt
супермаркет

Angebot
акцыя
FOR
Kunde
пакупнік
Milchprodukte
малочныя прадукты
Obst
садавіна
Einkaufswagen
вазок

BUTCHERS

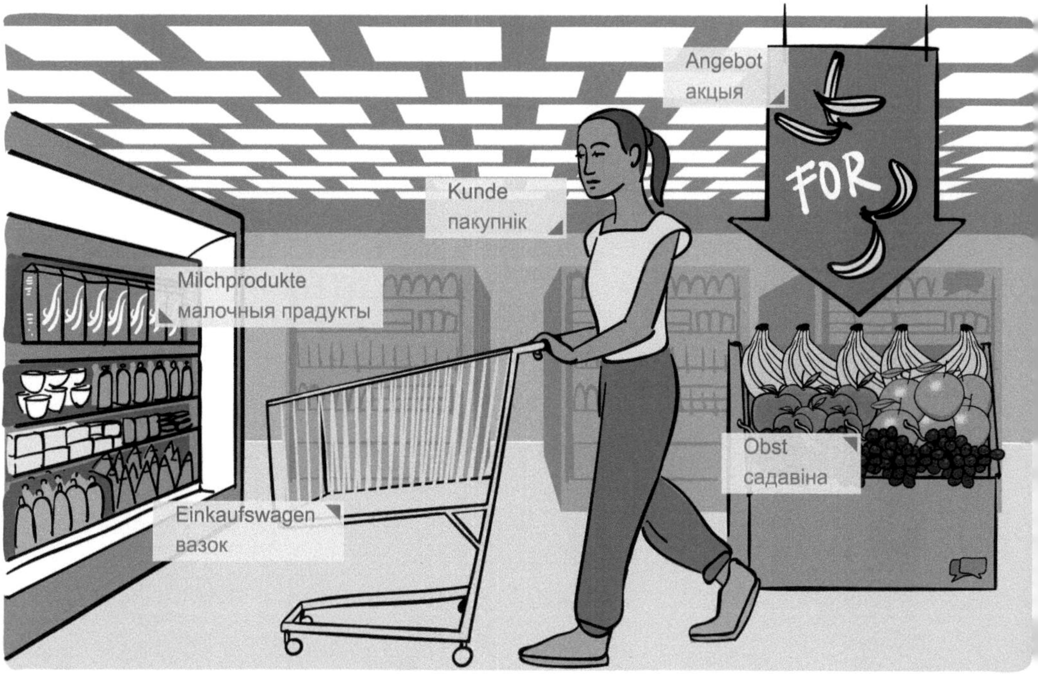

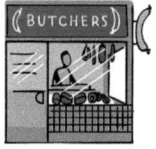

Schlachterei
мясная крама

BAKERY

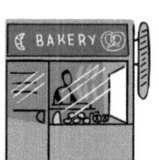

Bäckerei
хлебны магазін

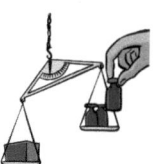

wiegen
важыць

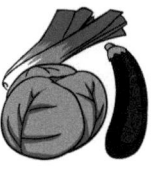

Gemüse
гароднiна

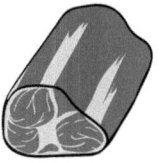

Fleisch
мяса

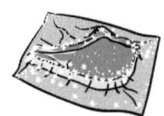

Tiefkühlkost
свежазамарожаныя прадукты

Aufschnitt

нарэзка

Konserven

кансервы

Waschmittel

пральны парашок

Süßigkeiten

прысмакі

Haushaltsartikel

хатнія прылады

Reinigungsmittel

чысцячы сродак

Verkäuferin

прадавец

Kasse

каса

Kassierer

касір

Einkaufsliste

спіс пакупак

Öffnungszeiten

гадзіны працы

Brieftasche

бумажнік

Kreditkarte

крэдытная картка

Tasche

сумка

Plastiktüte

пакет

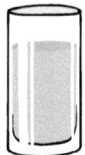

Wasser

вада

Saft

сок

Milch

малако

Cola

кола

Wein

віно

Bier

піва

Alkohol

алкаголь

Kakao

какава

Tee

гарбата (чай)

Kaffee

кава

Espresso

эспрэса

Cappuccino

капучына

Banane

банан

Apfel

яблык

Orange

апельсін

Melone

дыня

Zitrone

лімон

Karotte

морква

Knoblauch

часнок

Bambus

бамбук

Zwiebel

цыбуля

Pilz

грыб

Nüsse

арэхі

Nudeln

локшына

Spaghetti

спагеці

Reis

рыс

Salat

салата

Pommes frites

бульба фры

Bratkartoffeln

смажаная бульба

Pizza

піца

Hamburger

гамбургер

Sandwich

бутэрброд

Schnitzel

шніцаль

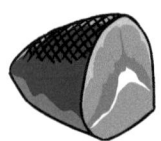

Schinken

вяндліна

Salami

салямі

Wurst

каўбаса

Huhn

курыца

Braten

смажаніна

Fisch

рыбак

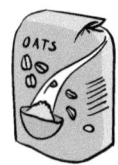

Haferflocken

аўсяныя камякі

Müsli

мюслі

Cornflakes

кукурузныя шматкі

Mehl

мука

Croissant

круасан

Brötchen

булачка

Brot

хлеб

Toast

тост

Kekse

пячэнне

Butter

масла

Quark

тварог

Kuchen

пірог

Ei

яйка

Spiegelei

яечня

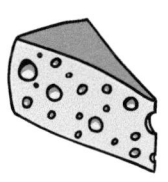

Käse

сыр

Eiscreme

марожанае

Zucker

цукар

Honig

мёд

Marmelade

варэнне

Nougat-Creme

нуга

Curry

кары

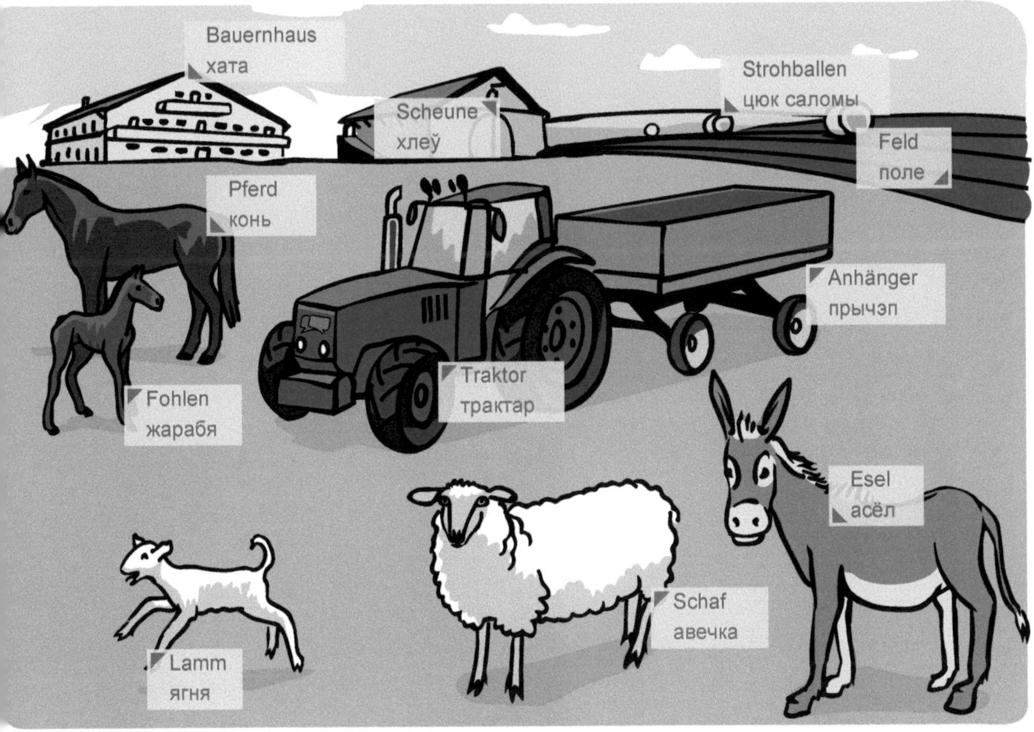

Bauernhaus хата

Scheune хлеў

Strohballen цюк саломы

Feld поле

Pferd конь

Anhänger прычэп

Fohlen жарабя

Traktor трактар

Esel асёл

Schaf авечка

Lamm ягня

Ziege

каза

Kuh

карова

Kalb

цяля

Schwein

свіння

Ferkel

парася

Bulle

бык

Gans

гусак

Ente

качка

Küken

кураня

Huhn

курыца

Hahn

певень

Ratte

пацук

Katze

кот

Maus

мыш

Ochse

вол

Hund

сабака

Hundehütte

сабачая будка

Gartenschlauch

садовы шланг

Gießkanne

палівачка

Sense

каса

Pflug

плуг

Sichel

серп

Hacke

матыка

Mistgabel

вілы для гною

Axt

сякера

Schubkarre

тачка

Trog

карыта

Milchkanne

бітон для малака

Sack

мех

Zaun

плот

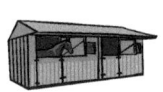

Stall

хлеў

Treibhaus

цяпліца

Boden

глеба

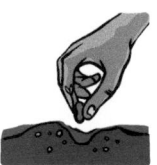

Saat

насенне

Dünger

угнаенне

Mähdrescher

камбайн

ernten

збіраць ураджай

Ernte

ураджай

Yamswurzel

ямс

Weizen

пшаніца

Soja

соя

Kartoffel

бульба

Mais

кукуруза

Raps

рапс

Obstbaum

садовае дрэва

Maniok

маніёк

Getreide

збожжа

Haus

дом

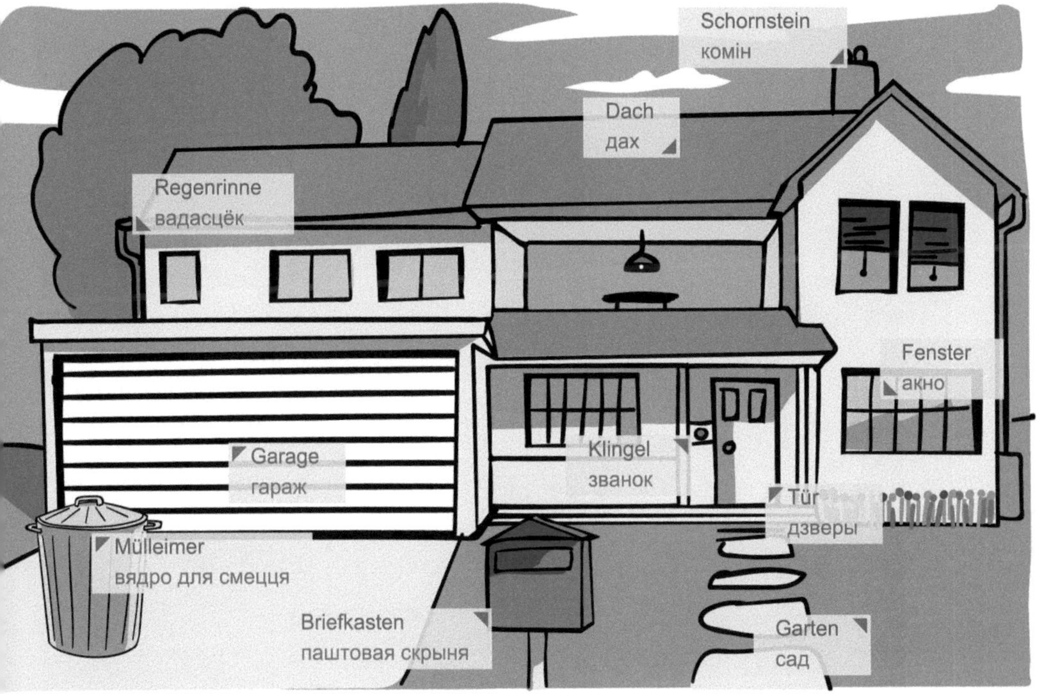
Schornstein
комін
Dach
дах
Regenrinne
вадасцёк
Fenster
акно
Garage
гараж
Klingel
званок
Tür
дзверы
Mülleimer
вядро для смецця
Briefkasten
паштовая скрыня
Garten
сад

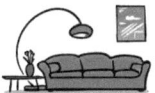

Wohnzimmer

жылы пакой

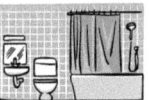

Badezimmer

ванная

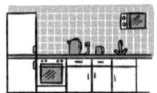

Küche

кухня

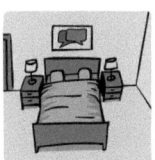

Schlafzimmer

спальны пакой

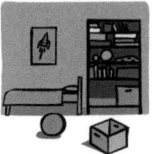

Kinderzimmer

дзіцячы пакой

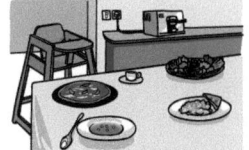

Esszimmer

сталоўка

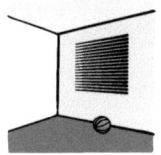

Boden
падлога

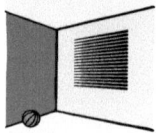

Wand
сцяна

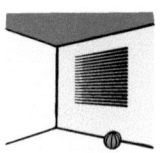

Decke
столь

Keller
падвал

Sauna
саўна

Balkon
балкон

Terrasse
тэраса

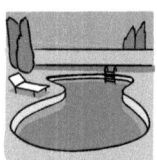

Schwimmbad
басейн

Rasenmäher
касілка

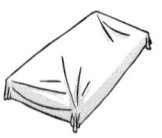

Bettbezug
падкоўдранік

Bettdecke
коўдра

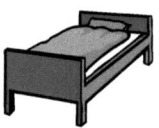

Bett
ложак

Besen
венік

Eimer
вядро

Schalter
выключальнік

Wohnzimmer

жылы пакой

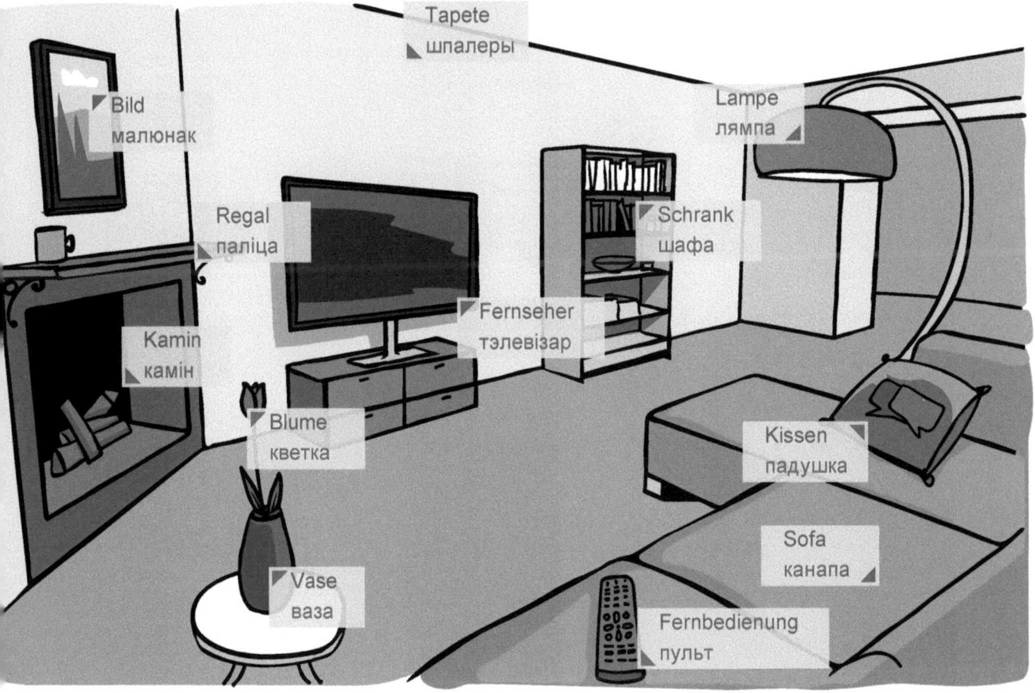

Tapete
шпалеры
Bild
малюнак
Lampe
лямпа
Regal
паліца
Schrank
шафа
Fernseher
тэлевізар
Kamin
камін
Blume
кветка
Kissen
падушка
Sofa
канапа
Vase
ваза
Fernbedienung
пульт

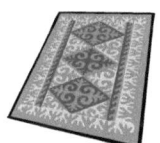

Teppich

дыван

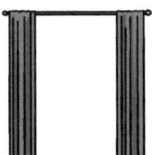

Vorhang

фіранка

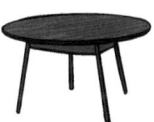

Tisch

стол

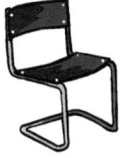

Stuhl

крэсла

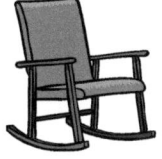

Schaukelstuhl

крэсла-качалка

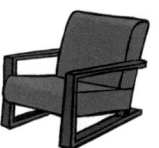

Sessel

крэсла

Buch

кніга

Decke

коўдра

Dekoration

дэкарацыя

Feuerholz

дровы

Film

кіно

Stereoanlage

стэрэасістэма

Schlüssel

ключ

Zeitung

газета

Gemälde

карціна

Poster

постар

Radio

радыё

Notizblock

нататнік

Staubsauger

пыласос

Kaktus

кактус

Kerze

свечка

Küche
кухня

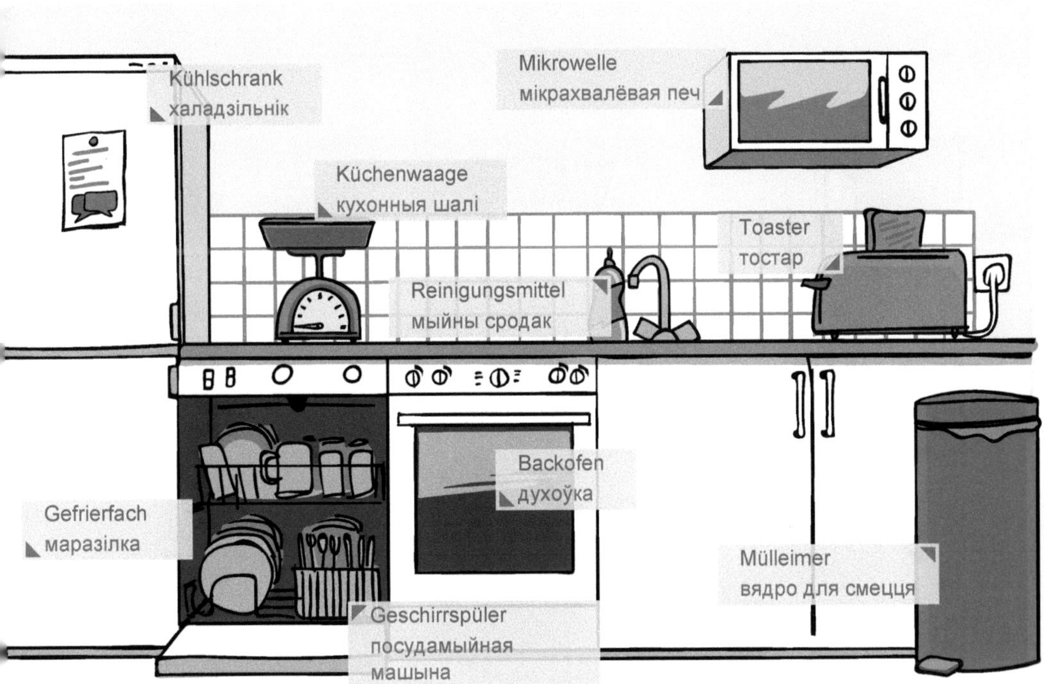

Kühlschrank
халадзільнік
Mikrowelle
мікрахвалёвая печ
Küchenwaage
кухонныя шалі
Toaster
тостар
Reinigungsmittel
мыйны сродак
Backofen
духоўка
Gefrierfach
маразілка
Mülleimer
вядро для смецця
Geschirrspüler
посудамыйная
машына

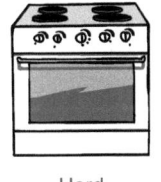

Herd
....
пліта

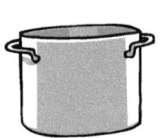

Topf
....
рондаль

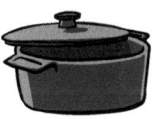

Eisentopf
....
чыгунок

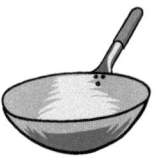

Wok / Kadai
....
Вок / кадаі

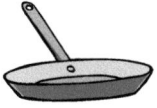

Pfanne
....
патэльня

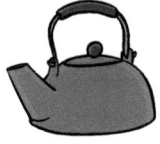

Wasserkocher
....
чайнік

Dampfgarer

параварка

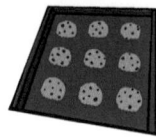

Backblech

бляха

Geschirr

посуд

Becher

кубак

Schale

міска

Essstäbchen

палачкі для ежы

Suppenkelle

чарпак

Pfannenwender

лапатачка

Schneebesen

збівалка

Kochsieb

сіта для варэння

Sieb

сіта

Reibe

тарка

Mörser

ступка

Grill

грыль

Feuerstelle

вогнішча

Schneidebrett

дошка

Nudelholz

качалка

Korkenzieher

штопар

Dose

бляшанка

Dosenöffner

адкрывалка

Topflappen

прыхваткі

Waschbecken

ракавіна

Bürste

шчотка

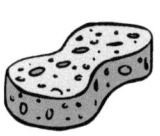

Schwamm

губка

Mixer

міксер

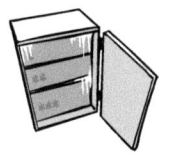

Gefriertruhe

маразільная камера

Babyflasche

бутэлечка

Wasserhahn

вадаправодны кран

Badezimmer

ванная

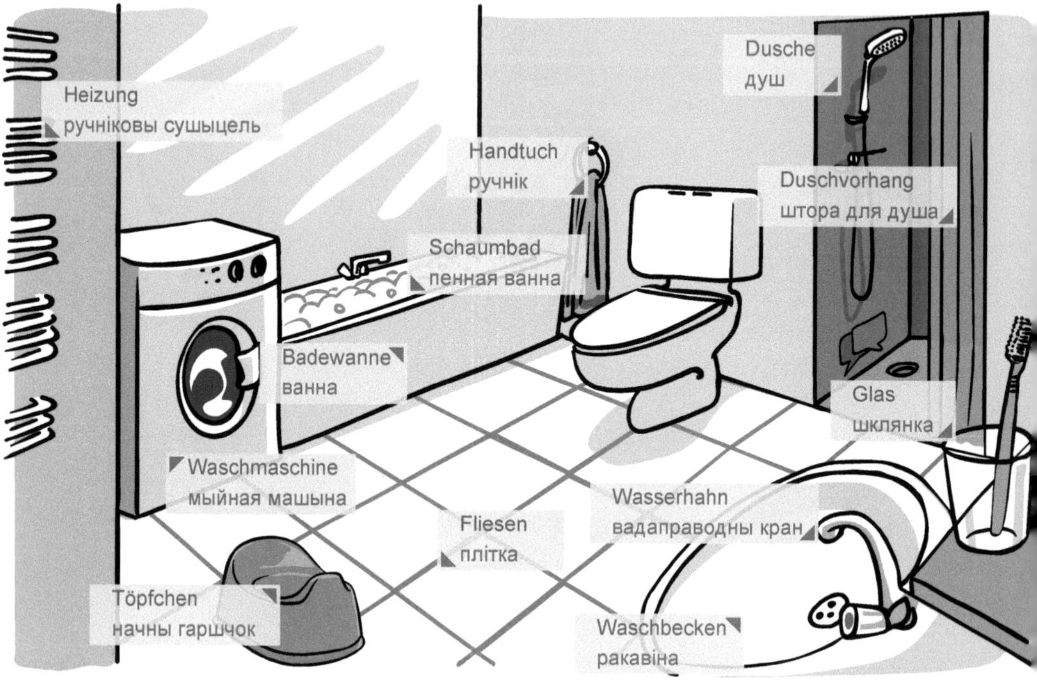

Heizung
ручніковы сушыцель
Handtuch
ручнік
Dusche
душ
Duschvorhang
штора для душа
Schaumbad
пенная ванна
Badewanne
ванна
Glas
шклянка
Waschmaschine
мыйная машына
Wasserhahn
вадаправодны кран
Fliesen
плітка
Töpfchen
начны гаршчок
Waschbecken
ракавіна

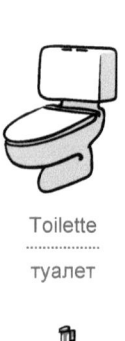

Toilette

туалет

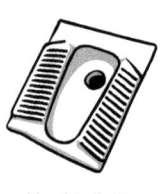

Hocktoilette

падлогавы ўнітаз

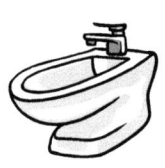

Bidet

бідэ

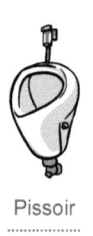

Pissoir

пісуар

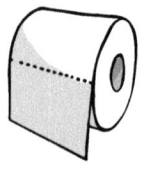

Toilettenpapier

туалетная папера

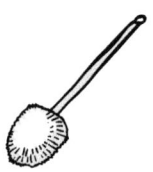

Toilettenbürste

шчотка для чысткі ўнітаза

Zahnbürste

зубная шчотка

Zahnpasta

зубная паста

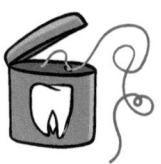

Zahnseide

зубная нітка

waschen

мыць

Handbrause

ручны душ

Intimdusche

інтымны душ

Waschschüssel

умывальнік

Rückenbürste

шчотка для спіны

Seife

мыла

Duschgel

гель для душа

Shampoo

шампунь

Waschlappen

вяхотка

Abfluss

вадасцёк

Creme

крэм

Deodorant

дэзадарант

Spiegel

люстэрка

Kosmetikspiegel

касметычнае люстэрка

Rasierer

станок для галення

Rasierschaum

пена для галення

Rasierwasser

ласьён пасля галення

Kamm

грэбень

Bürste

шчотка

Föhn

фен

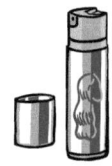

Haarspray

лак для валасоў

Makeup

касметыка

Lippenstift

памада

Nagellack

лак для пазногцяў

Watte

вата

Nagelschere

манікюрныя нажніцы

Parfum

духі

Kulturbeutel

касметычка

Hocker

табурэтка

Waage

вагі

Bademantel

лазневы халат

Gummihandschuhe

санітарныя пальчаткі

Tampon

тампон

Damenbinde

гігіенічныя пракладкі

Chemietoilette

біятуалет

Kinderzimmer

дзіцячы пакой

Wecker
будзільнік
Kuscheltier
мяккая цацка
Spielzeugauto
цацачная машынка
Rassel
бразготка
Puppenhaus
лялечны домік
Geschenk
падарунак

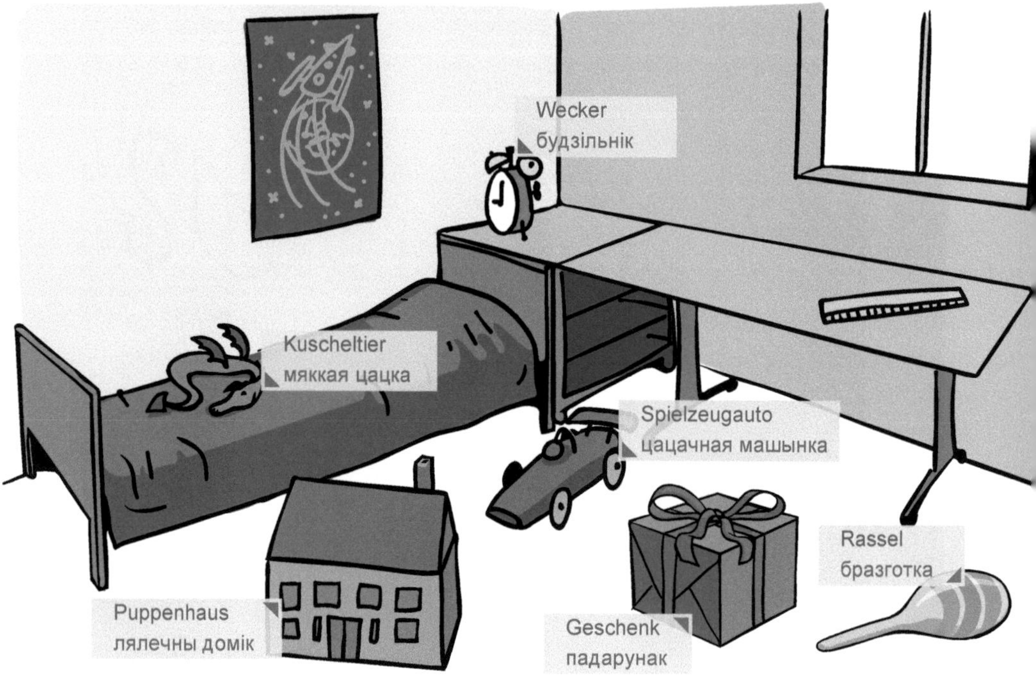

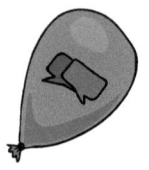

Ballon
надзіманы шарык

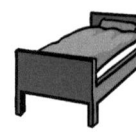

Bett
ложак

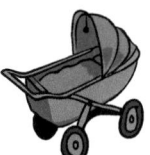

Kinderwagen
дзіцячая каляска

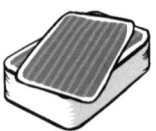

Kartenspiel
калода картаў

Puzzle
пазл

SUPER MEGA

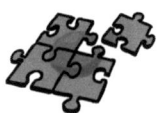

Comic
комікс

Legosteine

канструктар "Лега"

Bausteine

канструктар

Action Figur

экшэн-фігурка

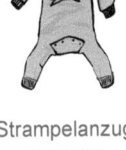

Strampelanzug

дзіцячы гарнітур

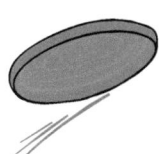

Frisbee

фрызбі

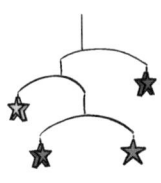

Mobile

дзіцячы мабіль

Brettspiel

настольная гульня

Würfel

кубік

Modelleisenbahn

дзіцячая чыгунка

Schnuller

пустышка

Party

дзіцячае свята

Bilderbuch

кніга з малюнкамі

Ball

мячык

Puppe

лялька

spielen

гуляцца

Sandkasten

пясочніца

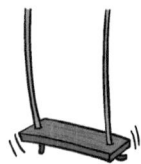

Schaukel

арэлі

Spielzeug

цацкі

Spielkonsole

гульнявая відэа прыстаўка

Dreirad

трохколавы ровар

Teddy

плюшавы мішка

Kleiderschrank

шафа

Kleidung

адзенне

Socken

шкарпэткі

Strümpfe

панчохі

Strumpfhose

калготкі

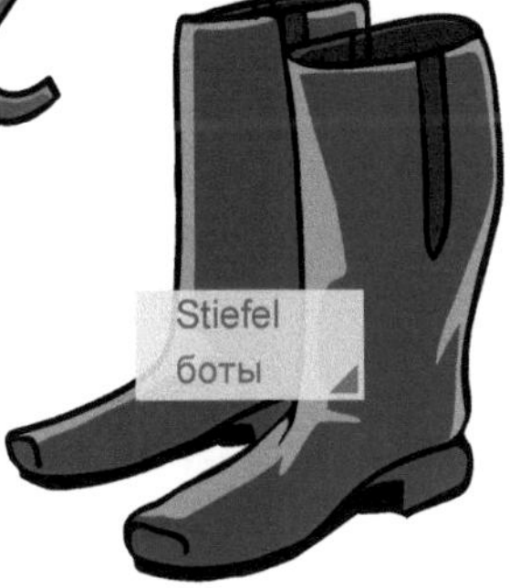

Schal
шалік

Regenschirm
парасон

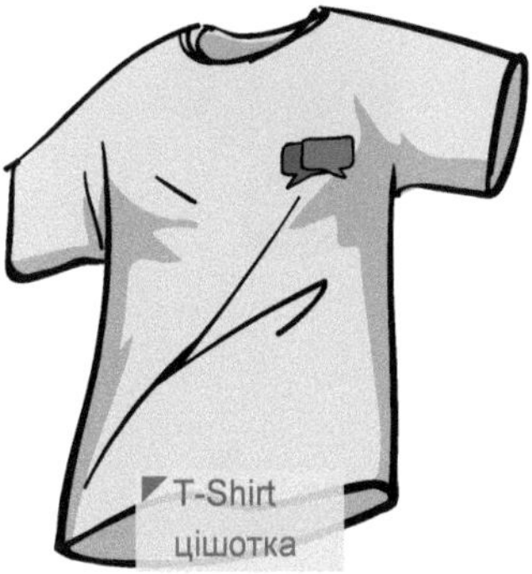

Gürtel
рамень

T-Shirt
цішотка

Turnschuhe
красоўкі

Stiefel
боты

Hausschuhe
пантоплі

Sandalen
....
сандалі

Schuhe
....
абутак

Gummistiefel
....
гумовыя боты

Unterhose
....
трусы

Büstenhalter
....
бюстгальтар

Unterhemd
....
майка

Body

бодзі

Hose

штаны

Jeans

джынсы

Rock

спадніца

Bluse

блузка

Hemd

кашуля

Pullover

джэмпер

Kapuzenpullover

талстоўка

Blazer

блэйзер

Jacke

куртка

Mantel

паліто

Regenmantel

дажджавік

Kostüm

касцюм

Kleid

сукенка

Hochzeitskleid

вясельная сукенка

Anzug

касцюм

Nachthemd

начная сарочка

Schlafanzug

піжама

Sari

сары

Kopftuch

хустка

Turban

цюрбан

Burka

паранджа

Kaftan

каптан

Abaya

Абая

Badeanzug

купальнік

Badehose

плаўкі

Kurze Hose

шорты

Trainingsanzug

спартыўны касцюм

Schürze

фартух

Handschuhe

пальчаткі

Knopf

гузік

Brille

акуляры

Armband

бранзалет

Halskette

каралі

Ring

кальцо

Ohrring

завушніца

Mütze

кепка

Kleiderbügel

вешалка

Hut

капялюш

Krawatte

гальштук

Reißverschluss

маланка

Helm

шлем

Hosenträger

падцяжкі

Schuluniform

школьная форма

Uniform

уніформа

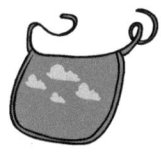

Lätzchen

нагруднік

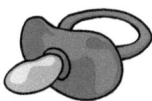

Schnuller

пустышка

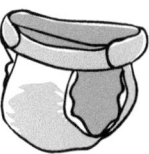

Windel

падгузнік

Büro

офіс

Server
сервер
Aktenschrank
канцылярская шафа
Papier
папера
Drucker
прынтэр
Monitor
манітор
Maus
мыш
Schreibtisch
пісьмовы стол
Ordner
тэчка
Tastatur
клавіятура
Stuhl
крэсла
Papierkorb
смеццевы кошык
Computer
кампутар

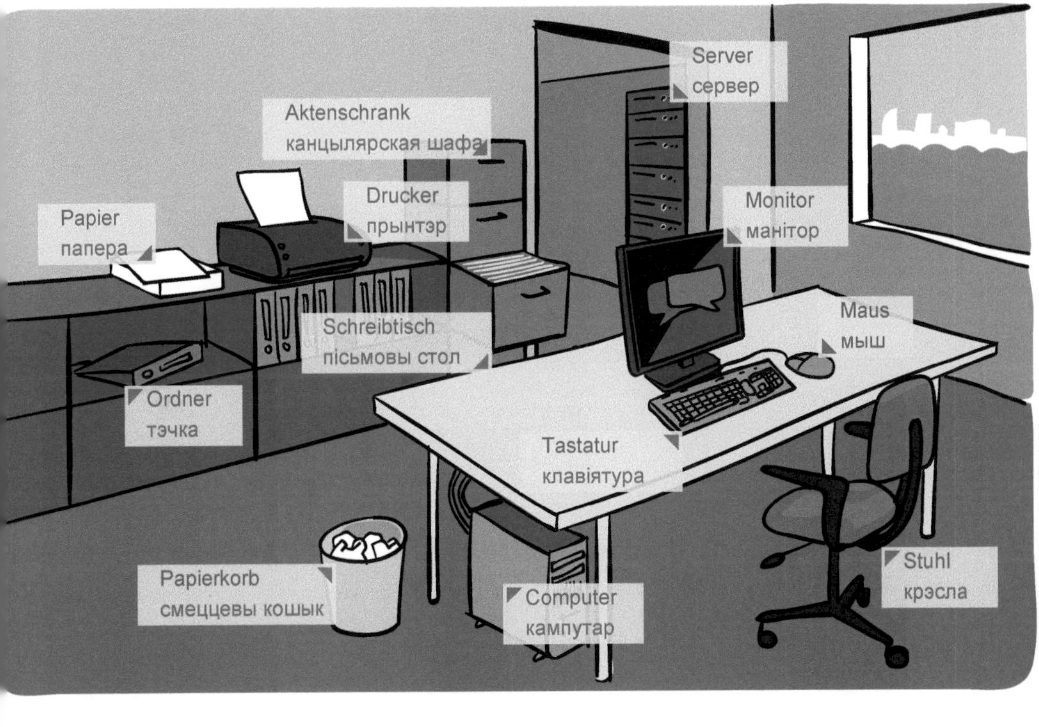

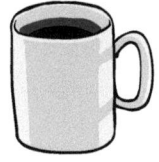

Kaffeebecher

кубак для кавы (філіжанка)

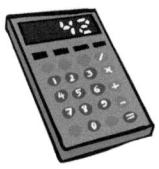

Taschenrechner

калькулятар

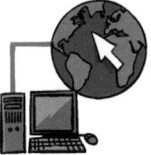

Internet

інтэрнэт

Laptop

ноўтбук

Brief

ліст

Nachricht

паведамленне

Handy

мабільны тэлефон

Netzwerk

сетка

Kopierer

ксеракс

Software

праграмнае забеспячэнне

Telefon

тэлефон

Steckdose

разетка

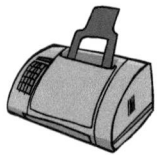

Fax

факс

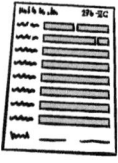

Formular

фармуляр

Dokument

дакумент

kaufen

купляць

bezahlen

плаціць

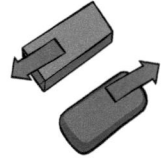

handeln

гандляваць

Geld

грошы

Dollar

долар

Euro

еўра

Yen

ена

Rubel

рубель

Franken

франк

Renminbi Yuan

кітайскі юань

Rupie

рупія

Geldautomat

банкамат

Wechselstube

абменны пункт

Gold

золата

Silber

срэбра

Öl

нафта

Energie

энергія

Preis

цана

Vertrag

кантракт

Steuer

падатак

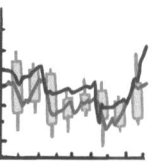

Aktie

акцыя

arbeiten

працаваць

Angestellter

служачы

Arbeitgeber

працадаўца

Fabrik

фабрыка

Geschäft

крама

Berufe

прафесіі

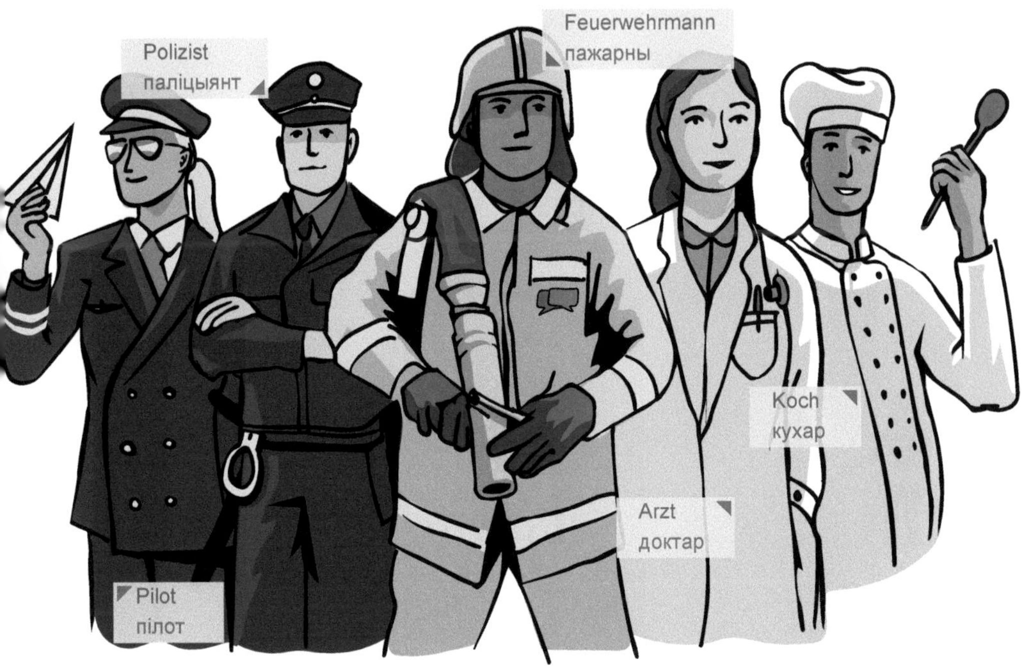

Polizist
паліцыянт
Feuerwehrmann
пажарны
Koch
кухар
Arzt
доктар
Pilot
пілот

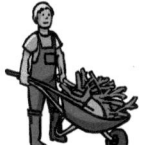

Gärtner

садоўнік

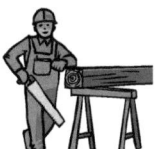

Tischler

слесар

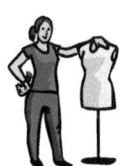

Näherin

швачка

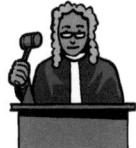

Richter

суддзя

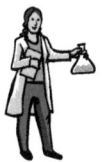

Chemiker

хімік

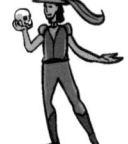

Schauspieler

артыст

Busfahrer

кіроўца аўтобуса

Taxifahrer

таксіст

Fischer

рыбак

Putzfrau

прыбіральшчыца

Dachdecker

страхар

Kellner

афіцыянт

Jäger

паляўнічы

Maler

мастак

Bäcker

пекар

Elektriker

электрык

Bauarbeiter

будаўнік

Ingenieur

інжынер

Schlachter

мяснік

Klempner

сантэхнік

Postbote

паштальён

Soldat

салдат

Architekt

архітэктар

Kassierer

касір

Florist

фларыст

Friseur

цырульнік

Schaffner

кандуктар

Mechaniker

механік

Kapitän

капітан

Zahnarzt

стаматолаг

Wissenschaftler

вучоны

Rabbi

рабін

Imam

імам

Mönch

манах

Geistlicher

святар

Werkzeuge

інструменты

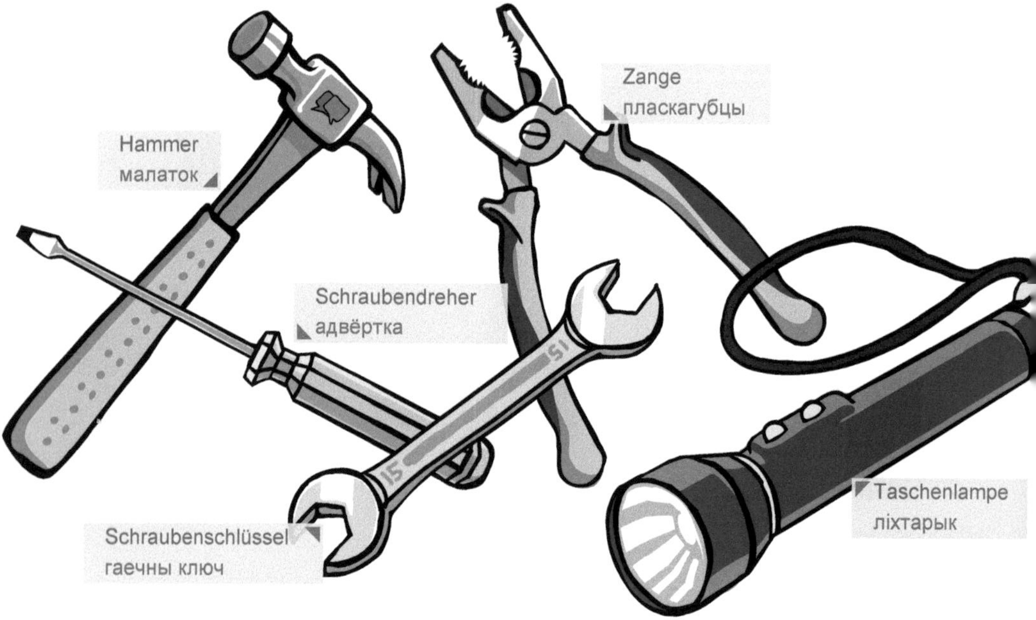

Zange
пласкагубцы
Hammer
малаток
Schraubendreher
адвёртка
Taschenlampe
ліхтарык
Schraubenschlüssel
гаечны ключ

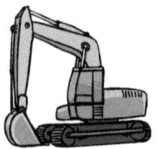

Bagger

экскаватар

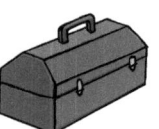

Werkzeugkasten

скрыня для інструментаў

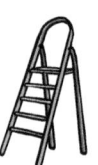

Leiter

дравіны

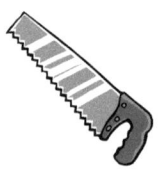

Säge

піла

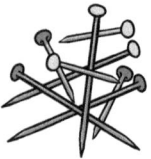

Nägel

цвікі

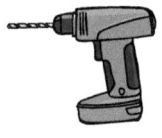

Bohrer

дрыль

reparieren

рамантаваць

Schaufel

рыдлеўка

Mist!

Халера!

Kehrblech

шуфлік для смецця

Farbtopf

вядро з фарбаю

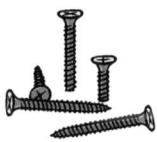

Schrauben

балты

Musikinstrumente
музычныя інструменты

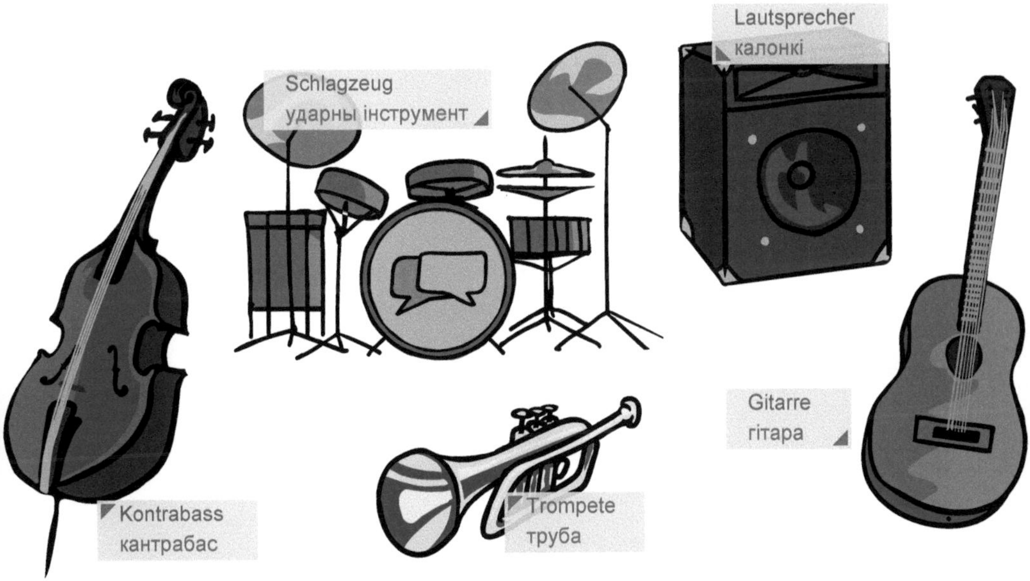

Schlagzeug
ударны інструмент

Lautsprecher
калонкі

Kontrabass
кантрабас

Trompete
труба

Gitarre
гітара

Klavier

піяніна

Violine

скрыпка

Bass

басгітара

Pauke

літаўры

Trommeln

барабан

Keyboard

клавішны электрамузычны
інструмент

Saxophon

саксафон

Flöte

флейта

Mikrofon

мікрафон

Zoo

заапарк

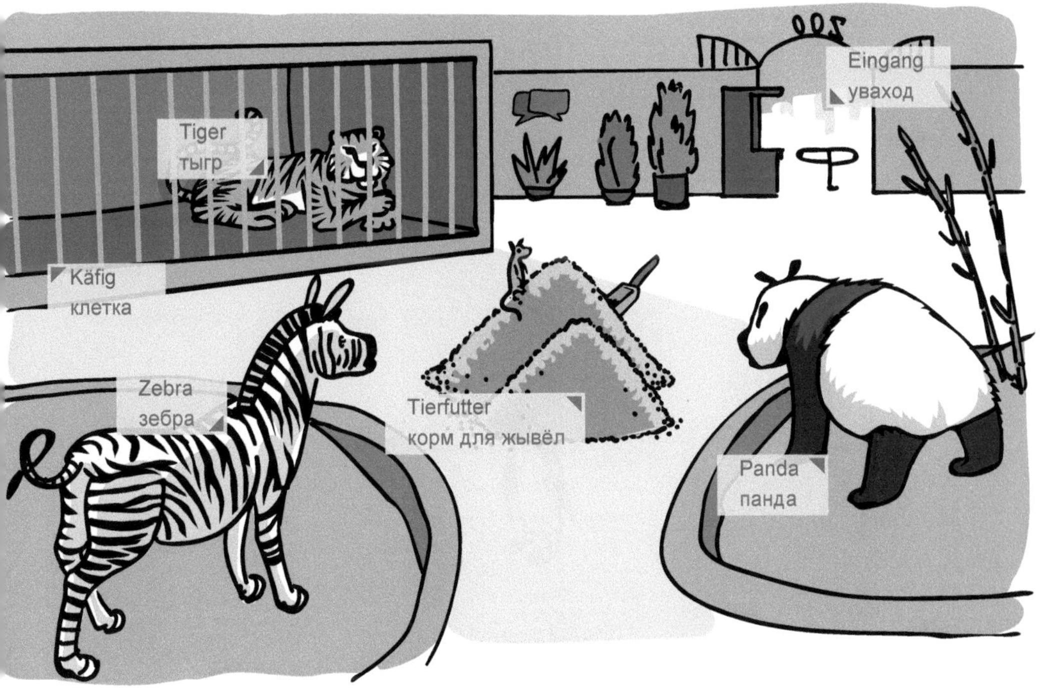
Eingang
уваход
Tiger
тыгр
Käfig
клетка
Zebra
зебра
Tierfutter
корм для жывёл
Panda
панда

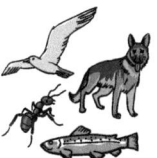

Tiere

жывёлы

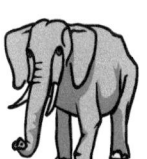

Elefant

слон

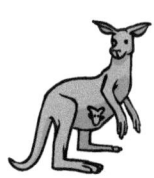

Känguru

кенгуру

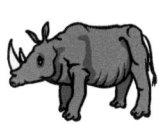

Nashorn

насарог

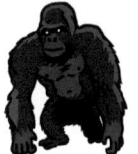

Gorilla

гарыла

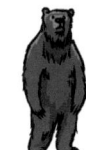

Bär

мядзведзь

Kamel

вярблюд

Strauß

стравус

Löwe

леў

Affe

малпа

Flamingo

фламінга

Papagei

папугай

Eisbär

белы мядзведзь

Pinguin

пінгвін

Hai

акула

Pfau

паўлін

Schlange

змяя

Krokodil

кракадзіл

Zoowärter

наглядчык заапарка

Robbe

цюлень

Jaguar

ягуар

Pony

поні

Leopard

леапард

Nilpferd

бегемот

Giraffe

жыраф

Adler

арол

Wildschwein

дзік

Fisch

рыбак

Schildkröte

чарапаха

Walross

морж

Fuchs

ліса

Gazelle

газель

Zoo - заапарк

American Football
амерыканскі футбол

Radfahren
веласпорт

Tennis
тэніс

Basketball
баскетбол

Schwimmen
плаванне

Boxen
бокс

Eishockey
хакей з шайбай

Fußball
футбол

Badminton
бадмінтон

Leichtathletik
лёгкая атлетыка

Handball
гандбол

Skilaufen
горныя лыжы

Polo
пола

Aktivitäten
дзейнасць

springen
скакаць
umarmen
абдымаць
lachen
смяяцца
gehen
ісці
singen
спяваць
träumen
марыць
beten
маліцца
küssen
цалаваць

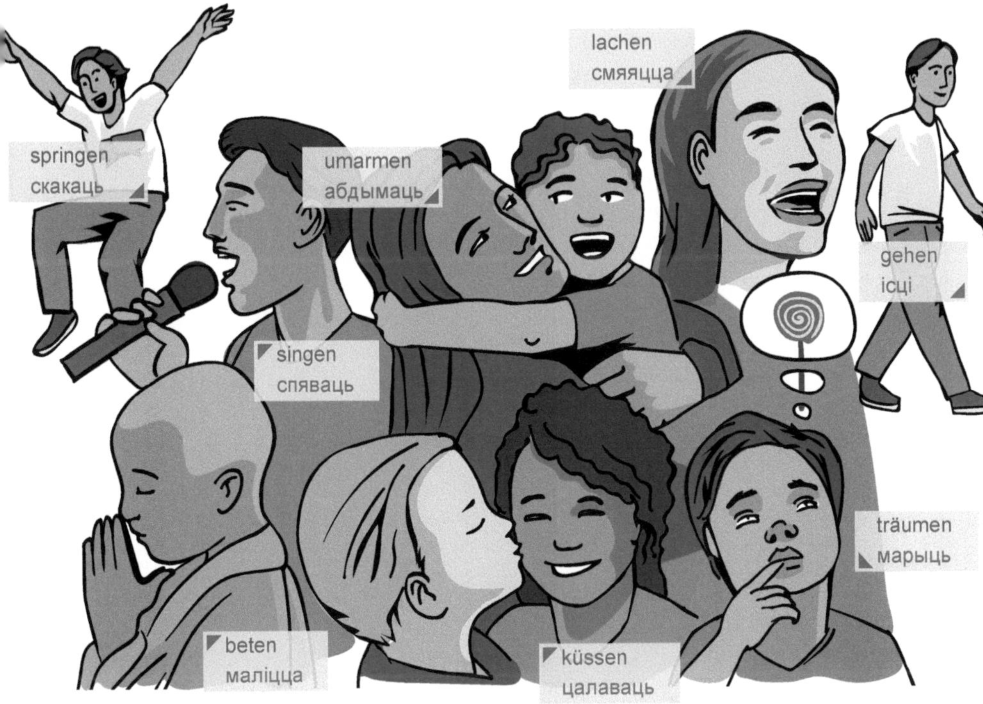

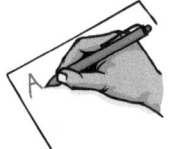

schreiben
пісаць

zeichnen
маляваць

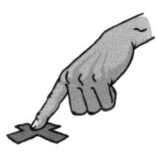

zeigen
паказваць

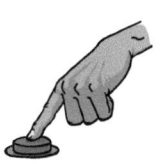

drücken
націснуць

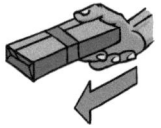

geben
даваць

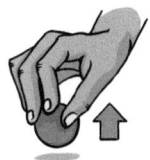

nehmen
браць

haben

маць

tun

выконваць

sein

быць

stehen

стаяць

laufen

бегчы

ziehen

цягнуць

werfen

кідаць

fallen

падаць

liegen

ляжаць

warten

чакаць

tragen

насіць

sitzen

сядзець

anziehen

апранацца

schlafen

спаць

aufwachen

прачынацца

ansehen

глядзець

weinen

плакаць

streicheln

лашчыць

kämmen

прычэсвацца

reden

гаварыць

verstehen

разумець

fragen

пытаць

hören

чуць

trinken

піць

essen

есці

aufräumen

прыбіраць

lieben

кахаць

kochen

гатаваць

fahren

ехаць

fliegen

лятаць

segeln

плаваць пад ветразем

rechnen

лічыць

lesen

чытаць

lernen

вучыць

arbeiten

працаваць

heiraten

уступаць у шлюб

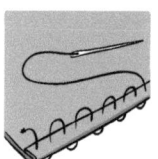

nähen

шыць

Zähne putzen

чысціць зубы

töten

забіваць

rauchen

курыць

senden

пасылаць

Familie

сям'я

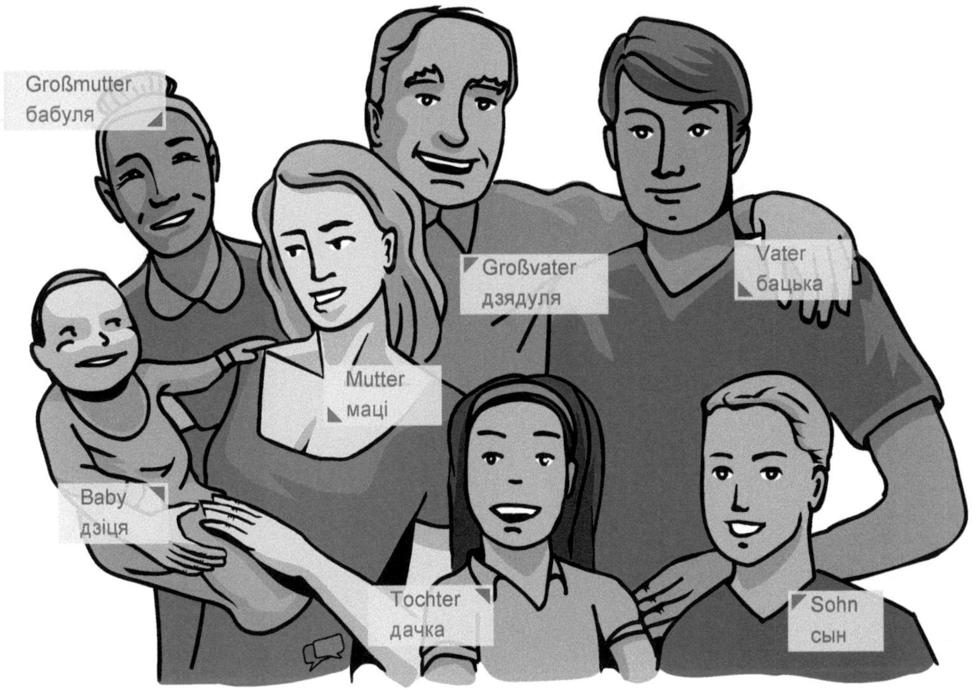

Großmutter
бабуля
Großvater
дзядуля
Vater
бацька
Mutter
маці
Baby
дзіця
Tochter
дачка
Sohn
сын

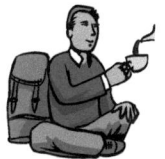

Gast
госць

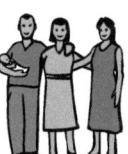

Tante
цётка

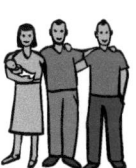

Onkel
дзядзька

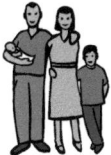

Bruder
брат

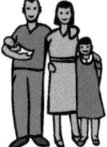

Schwester
сястра

Körper

цела

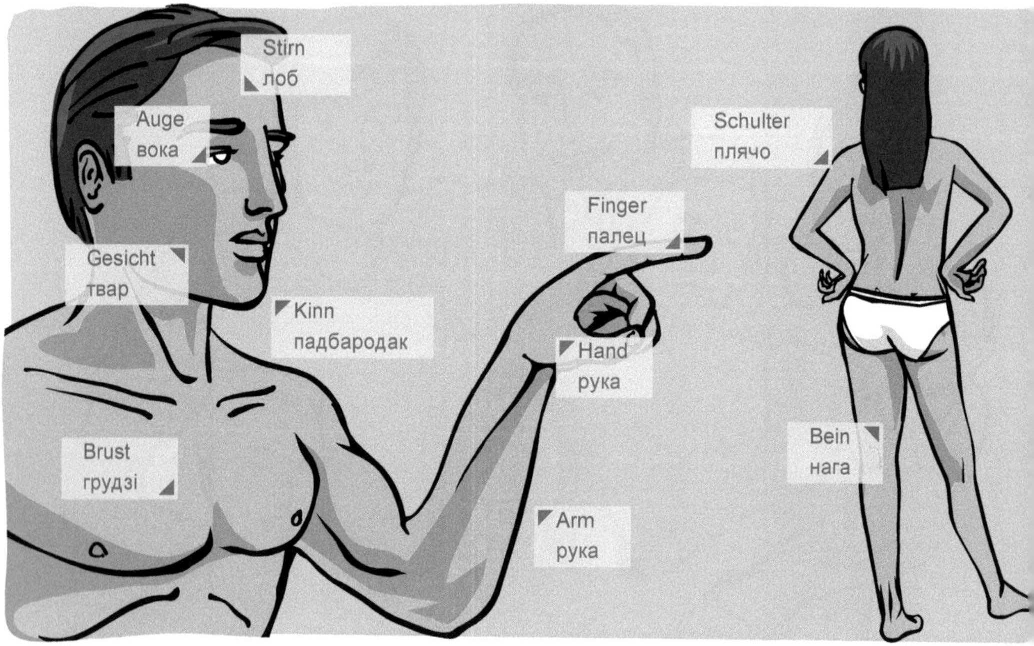

Stirn
лоб
Auge
вока
Schulter
плячо
Finger
палец
Gesicht
твар
Kinn
падбародак
Hand
рука
Bein
нага
Brust
грудзі
Arm
рука

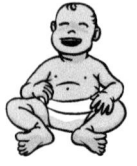

Baby

дзіця

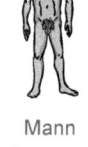

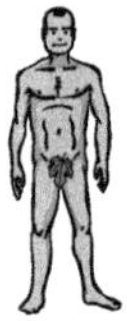

Mann

мужчына

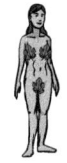

Frau

жанчына

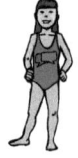

Mädchen

дзяўчынка

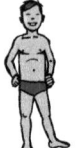

Junge

хлопчык

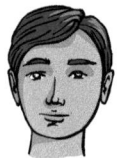

Kopf

галава

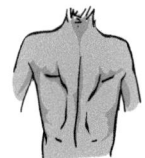

Rücken

спіна

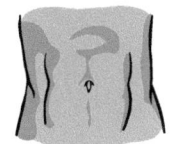

Bauch

жывот

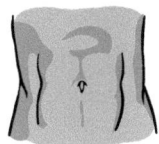

Nabel

пуп

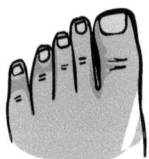

Zeh

палец нагі

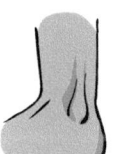

Ferse

пятка

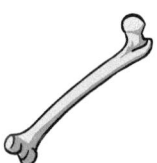

Knochen

костка

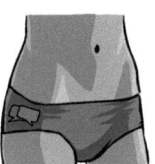

Hüfte

бядро

Knie

калена

Ellenbogen

локаць

Nase

нос

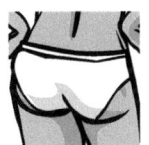

Gesäß

ягадзіца

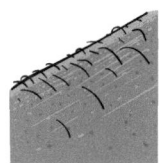

Haut

скура

Wange

шчака

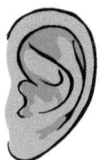

Ohr

вуха

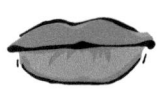

Lippe

губа

Mund

рот

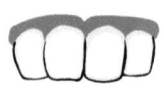

Zahn

зуб

Zunge

язык

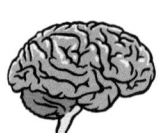

Gehirn

галаўны мозг

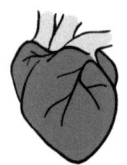

Herz

сэрца

Muskel

мышца

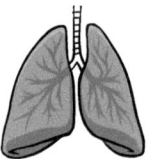

Lunge

лёгкае

Leber

пячонка

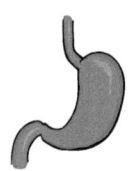

Magen

страўнік

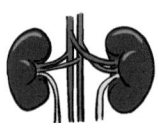

Nieren

ныркі

Geschlechtsverkehr

сэкс

Kondom

прэзерватыў

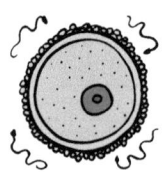

Eizelle

яйцаклетка

Sperma

сперма

Schwangerschaft

цяжарнасць

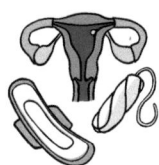

Menstruation

менструацыя

Vagina

похва

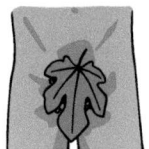

Penis

пеніс

Augenbraue

брыво

Haar

валасы

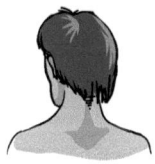

Hals

шыя

Krankenhaus

шпіталь

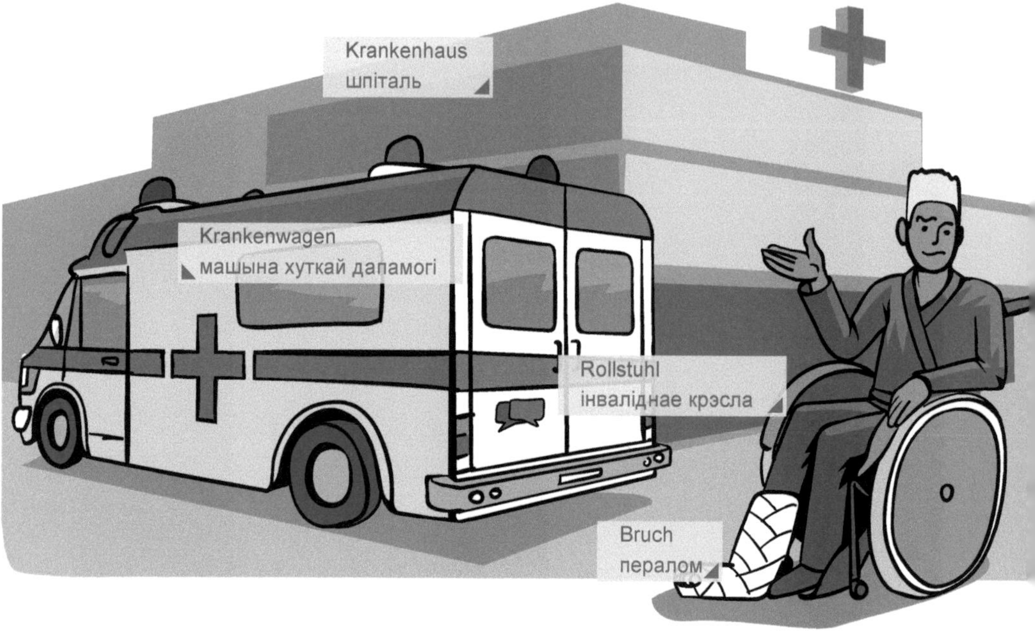

Krankenhaus
шпіталь
Krankenwagen
машына хуткай дапамогі
Rollstuhl
інваліднае крэсла
Bruch
пералом

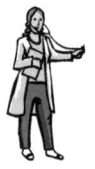

Arzt

доктар

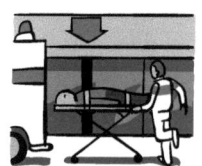

Notaufnahme

аддзяленне першай дапамогі

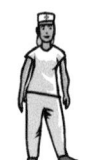

Krankenschwester

медсястра

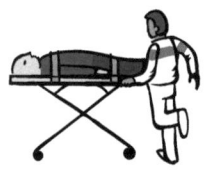

Notfall

экстраная дапамога

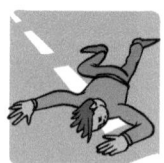

ohnmächtig

непрытомны

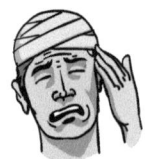

Schmerz

боль

Verletzung

траўма

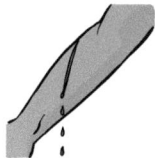

Blutung

крывацёк

Herzinfarkt

інфаркт

Schlaganfall

апаплексія

Allergie

алергія

Husten

кашаль

Fieber

гарачка

Grippe

грып

Durchfall

панос

Kopfschmerzen

галаўны боль

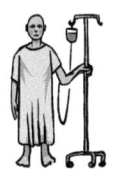

Krebs

рак

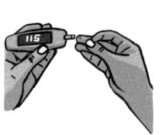

Diabetis

дыябет

Chirurg

хірург

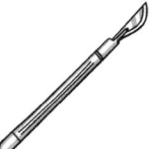

Skalpell

скальпель

Operation

аперацыя

CT

КТ

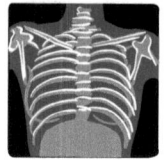

Röntgen

рэнтген

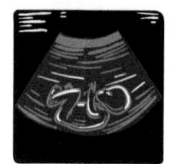

Ultraschall

ультрагук

Maske

маска

Krankheit

хвароба

Wartezimmer

пачакальня

Krücke

мыліца

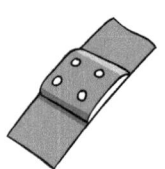

Pflaster

пластыр

Verband

бінт

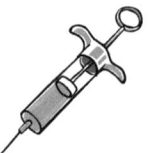

Injektion

ін'екцыя

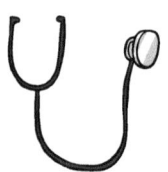

Stethoskop

стэтаскоп

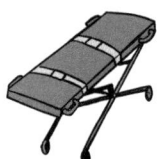

Trage

насілкі

Thermometer

градуснік

Geburt

нараджэнне

Übergewicht

лішняя вага

Hörgerät

слухавы апарат

Desinfektionsmittel

дэзінфекцыйны сродак

Infektion

інфекцыя

Virus

вірус

HIV / AIDS

ВІЧ/СНІД

Medizin

лекі

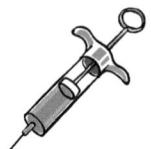

Impfung

прышчэпка

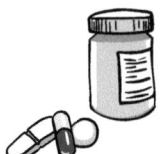

Tabletten

таблеткі

Pille

супрацьзачаткавая
таблетка

Notruf

экстраны выклік

Blutdruck-Messgerät

танометр

krank / gesund

хворы / здаровы

Hilfe!

Ратуйце!

Alarm

сігналізацыя

Überfall

напад

Angriff

атака

Gefahr

небяспека

Notausgang

аварыйны выхад

Feuer!

Пажар!

Feuerlöscher

вогнетушыцель

Unfall

аварыя

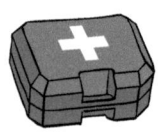

Erste-Hilfe-Koffer

аптэчка

SOS

СОС

Polizei

паліцыя

Europa

Еўропа

Nordamerika

Паўночная Амерыка

Südamerika

Паўднёвая Амерыка

Afrika

Афрыка

Asien

Азія

Australien

Аўстралія

Atlantik

Атлантычны акіян

Pazifik

Ціхі акіян

Indischer Ozean

Індыйскі акіян

Antarktischer Ozean

Паўднёвы ледавіты акіян

Arktischer Ozean

Паўночны ледавіты акіян

Nordpol

Паўночны полюс

Südpol

Паўднёвы полюс

Antarktis

Антарктыда

Erde

Зямля

Land

краіна

Meer

мора

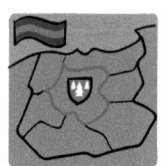

Insel

востраў

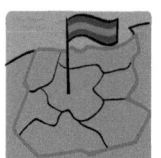

Nation

нацыя

Staat

дзяржава

Zifferblatt

цыферблат

Stundenzeiger

гадзінная стрэлка

Minutenzeiger

хвілінная стрэлка

Sekundenzeiger

секундная стрэлка

Wie spät ist es?

Колькі часу?

Tag

дзень

Zeit

час

jetzt

зараз

Digitaluhr

электронны гадзіннік

Minute

хвіліна

Stunde

гадзіна

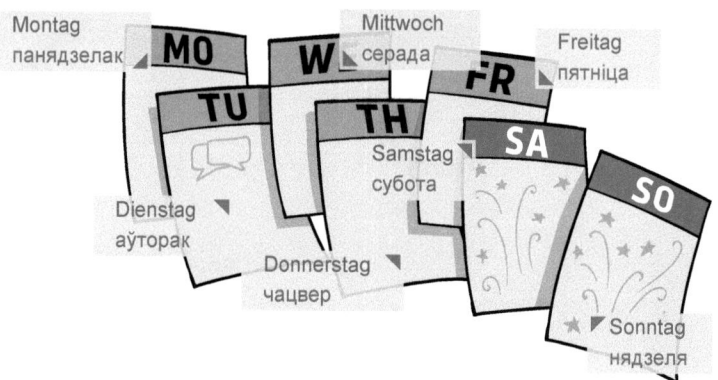

Montag — панядзелак
Mittwoch — серада
Freitag — пятніца
Dienstag — аўторак
Donnerstag — чацвер
Samstag — субота
Sonntag — нядзеля

gestern

ўчора

heute

сёння

morgen

заўтра

Morgen

раніца

Mittag

абед

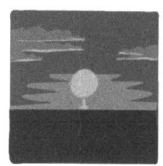

Abend

вечар

Arbeitstage

працоўныя дні

Wochenende

выхадныя

Jahr

год

Regen
дождж
Regenbogen
вясёлка
Wind
вецер
Schnee
снег
Frühling
вясна
Sommer
лета
Herbst
восень
Winter
зіма

4.APRIL 11°
5.APRIL 4°
6.APRIL 13°
7.APRIL 8°
8.APRIL 10°

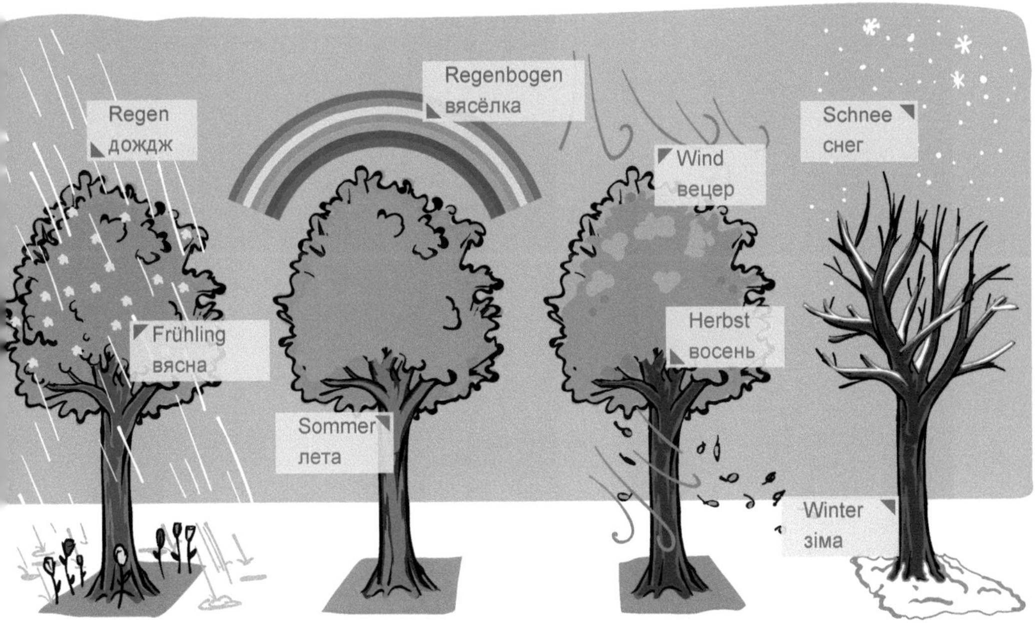

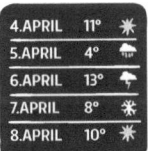

Wettervorhersage

прагноз надвор'я

F C
120 40
90 30
60 20
30 10
0 0
-30 -10
-20

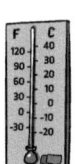

Thermometer

градуснік

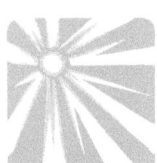

Sonnenschein

сонечнае святло

Wolke

воблака

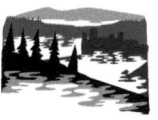

Nebel

туман

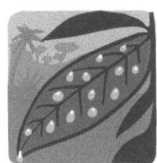

Luftfeuchtigkeit

вільготнасць паветра

Blitz

маланка

Donner

гром

Sturm

бура

Hagel

град

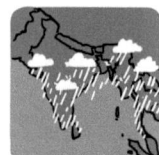

Monsun

мусонны вецер

Flut

прыліў

Eis

лёд

Januar

студзень

Februar

люты

März

сакавік

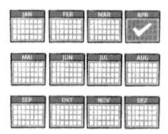

April

красавік

Mai

май

Juni

чэрвень

Juli

ліпень

August

жнівень

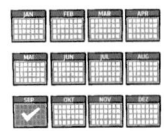

September
....
верасень

Oktober
....
кастрычнік

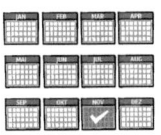

November
....
лістапад

Dezember
....
снежань

Formen
формы

Kreis
....
круг

Quadrat
....
квадрат

Rechteck
....
прамавугольнік

Dreieck
....
трохвугольнік

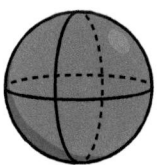

Kugel
....
шар

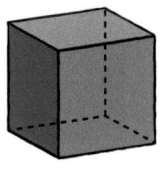

Würfel
....
куб

weiß

белы

gelb

жоўты

orange

аранжавы

pink

ружовы

rot

чырвоны

lila

фіялетавы

blau

сіні

grün

зялёны

braun

карычневы

grau

шэры

schwarz

чорны

viel / wenig
шмат / мала

wütend / friedlich
злы / добры

hübsch / hässlich
прыгожы / брыдкі

Anfang / Ende
пачатак / канец

groß / klein
высокі / малы

hell / dunkel
светлы / цёмны

Bruder / Schwester
сястра / брат

sauber / schmutzig
чысты / брудны

vollständig / unvollständig

поўны / няпоўны

Tag / Nacht
дзень / ноч

tot / lebendig
мёртвы / жывы

breit / schmal
шырокі / вузкі

genießbar / ungenießbar

ядомы / неядомы

böse / freundlich

злы / добры

aufgeregt / gelangweilt

узбуджаны / нудны

dick / dünn

тоўсты / тонкі

zuerst / zuletzt

першы / апошні

Freund / Feind

сябар / вораг

voll / leer

поўны / пусты

hart / weich

цвёрды / мяккі

schwer / leicht

важкі / лёгкі

Hunger / Durst

голад / смага

krank / gesund

хворы / здаровы

illegal / legal

нелегальны / легальны

intelligent / dumm

разумны / дурны

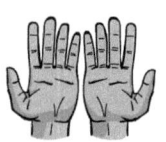

links / rechts

левы / правы

nah / fern

побач / далёка

neu / gebraucht

новы / былы ва ўжыванні

nichts / etwas

нічога / нешта

alt / jung

стары / малады

an / aus

укл / выкл

offen / geschlossen

адчынены / зачынены

leise / laut

ціхі / гучны

reich / arm

багаты / бедны

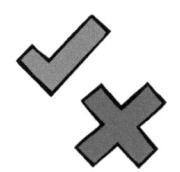

richtig / falsch

правільна / няправільна

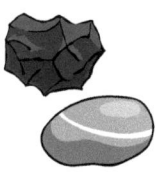

rau / glatt

шурпаты / гладкі

traurig / glücklich

сумны / шчаслівы

kurz / lang

кароткі / доўгі

langsam / schnell

павольны / хуткі

nass / trocken

вільготны / сухі

warm / kühl

цёплы / халаднаваты

Krieg / Frieden

вайна / мір

0

null

нуль

1

eins

адзін

2

zwei

два

3

drei

тры

4

vier

чатыры

5

fünf

пяць

6

sechs

шэсць

7

sieben

сем

8

acht

восем

9

neun

дзевяць

10

zehn

дзесяць

11

elf

адзінаццаць

12

zwölf

дванаццаць

13

dreizehn

трынаццаць

14

vierzehn

чатырнаццаць

15

fünfzehn

пятнаццаць

16

sechzehn

шаснаццаць

17

siebzehn

сямнаццаць

18

achtzehn

васямнаццаць

19

neunzehn

дзевятнаццаць

20

zwanzig

дваццаць

100

hundert

сто

1.000

tausend

тысяча

1.000.000

million

мільён

Englisch

английская

Amerikanisches Englisch

английская (Амерыка)

Chinesisch Mandarin

кітайская мандарынская

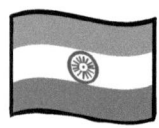

Hindi

хіндзі

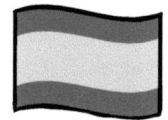

Spanisch

іспанская

Französisch

французская

Arabisch

арабская

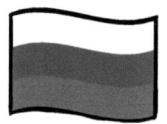

Russisch

руская

Portugiesisch

партугальская

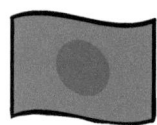

Bengalisch

бенгальская

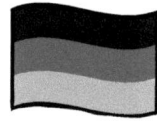

Deutsch

нямецкая

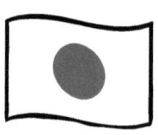

Japanisch

японская

ich

я

du

ты

er / sie / es

ён / яна / яно

wir

мы

ihr

вы

sie

яны

wer?

хто?

was?

што?

wie?

як?

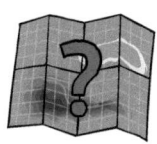

wo?

дзе?

wann?

калі?

Name

імя

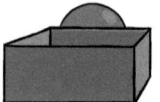

hinter

за

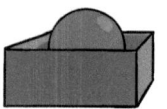

in

у

vor

перад

über

над

auf

на

unter

пад

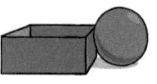

neben

каля

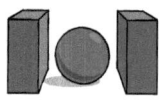

zwischen

паміж

Ort

месца